中国文化
知识读本

ZHONGGUO WENHUA ZHISHI DUBEN

金开诚◎主编　王思博◎编著

吉林出版集团有限责任公司
吉林文史出版社

信仰文化

图书在版编目（CIP）数据

信仰文化/王思博编著 . —3 版 . —长春：吉林
出版集团有限责任公司：吉林文史出版社，2010.7（2022.1 重印）
（中国文化知识读本）
ISBN 978-7-5463-3383-0

Ⅰ . ①信… Ⅱ . ①王… Ⅲ . ①信仰 – 民族文化 – 中国
Ⅳ . ① B933

中国版本图书馆 CIP 数据核字（2010）第 132149 号

信仰文化

XINYANG WENHUA

主编/ 金开诚 编著/王思博
项目负责/崔博华　责任编辑/曹恒　崔博华
责任校对/袁一鸣　装帧设计/曹恒
出版发行/吉林文史出版社　吉林出版集团有限责任公司
地址/长春市人民大街4646号　邮编/130021
电话/0431-86037503　传真/0431-86037589
印刷/三河市金兆印刷装订有限公司
版次/2010 年 7 月第 1 版　2022 年 1 月第 18 次印刷
开本/650mm×960mm　1/16
印张/8　字数/30千
书号/ISBN　978-7-5463-3383-0
定价/34.80元

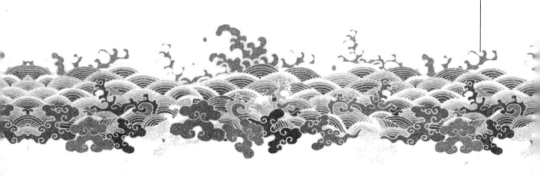

关于《中国文化知识读本》

文化是一种社会现象，是人类物质文明和精神文明有机融合的产物；同时又是一种历史现象，是社会的历史沉积。当今世界，随着经济全球化进程的加快，人们也越来越重视本民族的文化。我们只有加强对本民族文化的继承和创新，才能更好地弘扬民族精神，增强民族凝聚力。历史经验告诉我们，任何一个民族要想屹立于世界民族之林，必须具有自尊、自信、自强的民族意识。文化是维系一个民族生存和发展的强大动力。一个民族的存在依赖文化，文化的解体就是一个民族的消亡。

随着我国综合国力的日益强大，广大民众对重塑民族自尊心和自豪感的愿望日益迫切。作为民族大家庭中的一员，将源远流长、博大精深的中国文化继承并传播给广大群众，特别是青年一代，是我们出版人义不容辞的责任。

《中国文化知识读本》是由吉林出版集团有限责任公司和吉林文史出版社组织国内知名专家学者编写的一套旨在传播中华五千年优秀传统文化，提高全民文化修养的大型知识读本。该书在深入挖掘和整理中华优秀传统文化成果的同时，结合社会发展，注入了时代精神。书中优美生动的文字、简明通俗的语言、图文并茂的形式，把中国文化中的物态文化、制度文化、行为文化、精神文化等知识要点全面展示给读者。点点滴滴的文化知识仿佛繁星，组成了灿烂辉煌的中国文化的天穹。

希望本书能为弘扬中华五千年优秀传统文化、增强各民族团结、构建社会主义和谐社会尽一份绵薄之力，也坚信我们的中华民族一定能够早日实现伟大复兴！

【目录】

一　史前先民的信仰与宗教

（一）人类的早期文化现象——原始宗教

1. 原始宗教的定义及其产生的背景

关于原始宗教的定义，人类学家、历史学家、考古学家基于不同学科的特点做出了不同的概括。但只是局限于某一方面，中国社会科学院世界宗教研究所研究员于锦绣，从原始宗教的内涵和外延方面入手，对原始宗教的定义做了全面的概括："就其内涵而言，原始宗教是浑然一体的原始社会意识形态及其残余的一个居于主导和支配地位的因素，

原始宗教源于先民对自然界的敬畏和崇拜

宗教产生于原始社会

是人类社会血缘和地缘小群体（氏族、村社部落、宗族、家族、家庭、村寨）为自身现实生存和发展而自然引起的对'超自然力'的集体信念和相应实践活动的统一体。就其外延而言，原始宗教是自发产生于原始社会并继续流传于阶级社会的各种所谓原始宗教形式（如自然崇拜、祖先崇拜等）和原始宗教系统（如所谓'萨满教'、'东巴教'等）的总称。综合说来，原始宗教作为人类血

人在强大的自然力面前显
得微不足道

缘和地缘小群体对'超自然力'的集体
信念和相应实践活动的统一体、原始社
会意识形态及其残余的一个居于主导和
支配地位的因素，是自发产生于原始社
会并继续流传于阶级社会的各种所谓原
始宗教形式和原始宗教系统的总称。简
言之，原始宗教是"宗教"的早期或原
始形态，是人为宗教的'母体''基础'
或'源头'。"

　　生命个体是任何人类历史活动的第一
个前提，在资源匮乏的原始社会，食物是
原始社会人民首要面对的问题，也是他们
首先要解决的问题。但是在人类社会发展
的早期阶段，由于主体力量的弱小，人

原始宗教图腾

在强大的自然力面前显得微不足道，在这种情况下，无法凭借自己的力量控制和改造自然力的原始人民使用简陋的工具进行劳动，获得最基本的生活条件，可是更多的时候仍然面临食物匮乏的危险。不仅如此，各种各样的自然灾害还时常对人的存在造成严重的威胁。正如马林诺夫斯基所说："原始民族，即使在最顺利的状态之下，也永远避免不了食料缺乏的危险。"面对自然所带来的各种灾害，原始人民更多地表现出恐惧和无措。就像《原始宗教的产生及其文化价值一文中所说的："正是在这种情况下，人们把自然事物及其现象理解为某种强大的精神力量的活动并以感激、虔敬和畏惧的心情来对之顶礼膜拜，力求与之修好。这就决定了原始宗教产生的必然性。同时，原始人出于知识经验方面的局限和对自然过程与现象的无知，往往将自己对生命活动理解的'框架'投身到外部对象世界，形成了'万物有灵'的观念，这是原始宗教的思想基础。"

原始宗教是原始精神文明中最特殊的组成部分，它渗透在原始社会人的物质生产活动、社会组织生活和日常事务之中，大凡原始社会原始先民意识的和行为的、精神的和物质的全部内容，都包容在原始宗教里。原始宗教作为远古

原始宗教渗透在原始社会的各个方面

先民对于神灵的敬畏和崇拜，既是一种社会现象，同时也是一种精神现象，一种信仰体系，渗透在原始人的物质生产活动、社会组织生活和日常事务之中，它具有以下重要特征。

2. 原始宗教的崇拜对象

首先是自然崇拜，自然环境是原始人民的生存依靠，所以自然环境对原始人具有重大的影响。最初的时候，日、月、星辰以及周围的山谷、河流、土地、巨石等等，都被原始人民加以神化，并进行崇拜。"万物有灵论"就是在这种对自然力的崇拜中发展起来的。渐渐地，由于地域的差异，居住不同区域的原始人群开始有了不同的信仰，例如居住在山区的原始人群将大山当作依靠，但又往往遇到不可预知的困难和危险。于是，他们把山峰崇拜为神灵，认为山神可以给予他们赖以生存的食物，当然也可以给予他们惩罚，从而产生了祭山神和石神的宗教仪式。乌丙安在《神秘的萨满世界》中就提到"鄂伦春、鄂温克人也认为，一切野兽都归山神所有和饲养，他们之所以能猎获野兽，是由于山神的恩赐，所以十分崇拜山神"；生活在河流附近的原始人群认为水能够给人生存

自然环境对原始人具有重大的影响

提供无尽的帮助，可是水也能为人们带来灾难，河水泛滥所造成的巨大破坏，使人们认为是河神的威力。古时有河伯娶妻的故事，告诉我们这就是人们对河神的崇拜。蒙古族萨满教认为，水中有好多的精灵，他们将湖中的湖神叫做昂高·努尔，他的神力能治愈一切疾病，每逢动物发生流行病就将其赶入湖中洗浴，认为是驱邪治病的好办法。诸如此类，还有其他的"自然神"。

其次是鬼魂崇拜，原始先民认为，人死后，虽然肉体腐烂，但是他还作为一个其他形式的个体存在，并将这称作灵魂，叫"鬼"或"鬼魂"。他们相信自己部落的人死后会变作鬼，仍然保护着自己的部

一些原始先民认为水中有河神，他神力无边

落，鬼的性质在根本上与神没有什么两样，也就是说鬼就是神。鬼神不一定有人的身形，但却和人互相感应，能知道人的内心世界，甚至能赏善罚恶。中国古人认为，玉皇大帝主宰世间万物，不仅掌管着天堂地狱，而且还掌管着人的命运和世间大大小小的事情，他非常公平、正直，根据人的行为，给人以或好或坏的报应。直接干预着国家的兴衰、人的生老病死、土地的旱涝、丰收等等。

第三是血缘先祖崇拜，集中反映在流传至今的远古神话和传说中。如盘古开天地、女娲补天、夸父逐日、精卫填海、大禹治水等等。在原始社会里，一般是首先

壁画《盘古开天地》

史前先民的信仰与宗教

雕塑《女娲补天》

大禹庙

家族祠堂

有了鬼魂崇拜，然后才出现血缘先祖崇拜的，先祖崇拜是从鬼魂崇拜中发展而来的。血缘先祖是家族里已故的长者，他的超能力能对活着的族人后代进行庇佑，避免生活上的不幸遭遇，所以祖先的鬼魂被当做保护本族的神秘力量而备受崇拜。而先祖的肉体被当作神秘力量的来源也得到了相当大的重视，于是原始人为死去的先祖建造豪华的墓室，这样不仅可以保存好先祖的肉体，还可以让死者得到像生前一样的安适。血缘先祖崇拜所祭祀的鬼神，对崇拜者来说是固定的、长期的崇拜对象。随着先祖崇拜进一步的发展，此种崇拜方式

北京天坛是古代皇帝祭天的场所

超出了单纯的鬼魂观念和血缘观念。在阶级社会里，与神权、族权合一，成为巩固政权的重要力量，并受政权所左右。

最后是天神崇拜，说到天神崇拜，首先要说的是原始先民每天都要看到的日、月、星辰。《礼记·祭祀》云："郊之祭，大报天而主日，配以月。"从中，我们更是看出人们心中日神和月神的地位。日神是天神的主角，而月神只是配角。至于满天的繁星，黑色的夜空更加衬托其神秘感，原始先民甚至认为天上的一颗星代表地上的一个人。所以先民们祭祀星辰的方式是把祭物撒向天空，使布满天空的星神都接受。至于流星、彗星的出现，陨石的坠地等现象，都使先民们困惑不解，而产生种种幻想。除了日、月、星辰诸天神的崇拜外，气象诸神——风、雨、雷、电、云等也非常具有神性和权威性。因为它们决定了先民生活的物质条件，与原始先民日常生活有着紧密的联系，所以不仅被崇拜，而且祭祀的仪式也各种各样。随着人们认识的提高，种种的疑问也随之而来，当得不到科学的解答时，其想象中的神力就出现了。诸如太阳早晨升起，晚上落下。月亮、星星晚上出来，白天消失。先闪电后打雷，先刮风后下雨，雨后会出现彩虹。是什

么力量安排了这样的顺序呢？是什么能左右日、月、星辰这些高高在上的"神"呢？这个推理导致了比天上诸神更高、更具权威的神的诞生。从西周以后，人们创造了许多尊称赋予天神，如天、帝、上帝、天帝、皇天等等。这表明天神的神威进一步扩大，天神的信仰也已广泛流传。

花草树木等自然物也是先民崇拜的对象

3. 原始宗教的主要特征

第一，从崇拜的对象看，原始先民对自然的认识，主要分为三个阶段：最初是以日月星辰、山河大地、花草树木、虎狼熊鸟等为对象。这些是外在于人的自然存

萨满教面具

在物，因为原始先民在无力对抗自然的情况下，只能依赖、匍匐于自然之下。其次是以鬼魂、先祖为崇拜对象的。例如鬼魂崇拜，即是认为死去的人的鬼魂居住在另一个世界，并不时地回来影响活人的世界；先祖崇拜，他的超能力能对活着的族人后代进行庇佑，避免生活上的不幸遭遇；最后是对神灵的崇拜，主要出现在较发达的原始群落中，人们认为在诸神的世界中，有一个或几个神占据着宇宙的统治地位。

第二，从崇拜的方式看，主要有两种截然不同的方式。一种是对神力的敬畏和崇拜，另一种是"人"主动地运用神力。后者即是所谓的"巫术"，它是通过特殊的方法将超自然力赋予某人，借此来帮助达到目的。巫术的使用，体现了原始先民们对超自然力的渴望，盼望成为神，随心地把握和运用超自然力。从主体的主动性来说，巫术的使用首先假定了人乃天地万

对龙的尊崇体现了原始先民对自然界的敬畏

山坡上的图腾柱

物之主宰，并将人的地位凌驾于一切诸神之上。但原始先民生活在一种混沌初开的状态，不可能有这样清晰的想法。英国学者弗雷泽在其著作《金枝》一书中说："主张宗教产生以前应有一个魔法流行的时代，把魔法与巫术这类具有主动性的社会行为划出宗教之外，并成为宗教源起的一个重要因素。"我们认为，在很多方面，巫术与宗教都是互相混合难以分开的。所以巫术在原始宗教中是一种特殊的崇拜方式，它通过对神力的崇拜和向往，运用一定的技法将神力赋予主体，而不是完全匍匐在神力之下，巫术即是这种崇拜方式的表现形式。

萨满教祭神仪式

第三，从祭祀来看，原始先民所崇拜的对象主要有四方面，按社会的发展层次来看，依次为自然崇拜、鬼魂崇拜、先祖崇拜和天神崇拜。所以祭祀的对象也是多层次的，但祭祀的方法主要是运用牺牲和举行庄重的仪式。牺牲品的不同，代表着祭祀的对象不同，在诸多的牺牲品中，最为惊心动魄的，就是杀人祭祀。原始先民认为用人作牺牲是对神灵最虔诚最隆重的祭祀，是最高的祭献品。杨学政在《原始宗教论》一书中指出："在所有的牺牲品中，人是最受神灵欢迎的牺牲。原始人基于生存的需要，祭天地以求收获之丰，没有什么伦理道德可言，

龙被看做吉祥之物加以崇拜

只知道祈求、讨好山川河流诸神以免水旱之灾，甚至杀人作牺牲品以媚献神灵。其后，随着人类征服自然能力的逐渐提高，原始先民活动的区域不断扩大，开始在氏族乃至部落这个有限却又相对扩大的范围内共同生活。为了处理好群体之间的关系，他们互相视为兄弟，所以杀死本氏族、部落的人作为牺牲品的行为渐被人们摒弃，改用牺牲作为代替品。

（二）史前先民的崇拜形式——图

腾崇拜

　　"图腾"是源自于美洲原始部落印第安人的一个方言词汇，英文写法为"Totem"，汉语意思则是"亲属"，王小盾在《源始信仰和中国古神》一书中将这个概念具体化："图腾是'人们把某种动植物或其他物体当作自己的氏族的标志或象征，认为这种物体同自己有某种血缘联系'。"正如马克思在《马克思、恩格斯论宗教》中所说："动物教正是宗教最彻底的形态。"原始先民们以简练的手法描绘与自己生产、生活最密切的某种动物、

萨满教图腾柱

萨满教最初源于先民的原始崇拜

植物或其他生物，将其形象装饰于居住处或生活用品上；氏族首领则以此为标志号召本氏族成员向大自然和侵犯本氏族利益的其他氏族作斗争。

1. 图腾"受孕"说

在人类文明的童年期，基本没有什么文字记载，由于资料文献的缺乏，人们对于远古神话的了解总是蒙着一层纱。其实远古神话中的英雄人物大都与图腾有着密切的关系，诸如"简狄吞卵""姜嫄履迹""玄鸟生商"等传说。无论什么时候，繁衍后代都是一切生物的重要任务，所以繁衍后代也是一个氏族的重要责任，是保证氏族延续的重要条件，但开始的时候，原始先民们并不知道孩子是怎么来的，所以他们认为妇女生孩子是"图腾"在与妇女的神秘接触后而赐给该氏族的，认为氏族的繁衍离不开"图腾"，于是就把该图腾当作本氏族的守护神而加以崇拜。

我国少数民族中有许多这样的传说，认为本民族起源于动物。而正如恩格斯在《家庭、私有制和国家的起源》一书中所说，氏族"以动物名称命名"一般说来是"原始氏族的占典形式"。我们可以推测：图腾崇拜即是后来定型的中国十二生肖的前身。

2. 远古神话

说到远古神话，首先要说的是传说中

羊头崇拜

的"开天辟地"的盘古氏。"盘古之君，龙首蛇身，嘘为风雨，吹为雷电，开目为昼，闭目为夜"（《广博物志》卷九）。盘古的图腾形象为龙首蛇身。除了盘古外，伏羲和女娲也是远古神话中经常出现的神，传说伏羲是华夏族的始祖，女娲为远古时的女始祖神，他们共同创造了人类。

（《帝王记》"燧人之世……生伏羲……人首蛇身。"）传说伏羲氏与太皞属一人，是东方夷族的首领。《山海经·大荒西经》："女娲，古女神而帝者，人面蛇身。"《列子·黄帝》："危牺氏（即伏羲）女娲……蛇身人面。"所以人首蛇身为伏羲和女娲的图腾形象。都说中华民族是炎黄子孙，

女娲、伏羲像

轩辕黄帝石像

那炎帝和黄帝又是何许人？传说中的炎帝，号称神农氏，在神话传说中属于南方的天帝。《绎史》卷四《帝王世纪》中记载"炎帝神农氏人身牛首"。此传以牛为图腾，另又传以火为图腾，且有大火、雅火、西火、北火及中火之别。传说中的黄帝，号称轩辕氏，后来与炎帝部落结成联盟，成为炎黄部落的首领。他领导人民营建房屋，发展农业，养蚕缫丝等，后人称赞他"能成命物"，以后黄帝作为华夏族的祖先得到历代人民的敬仰。黄帝称熊氏，可能以熊为图腾。《左传·昭公十七年》中记载共工氏，以水为图腾，有东水、南水、西水、北水、中水。《诗经·商颂》

中记载商族的图腾为玄鸟，"天命玄鸟，降而生商"。《国语》中记载周族的图腾是"天奄"，"我姬族出自天奄"。龟是周族的图腾，他们把龟看成是"神龟""圣龟"，一切吉凶、家国大事都寄托于"龟卜"，甚至国王、臣属、民众的力量都不能超过"龟卜"的力量。《史记·孙子吴起列传》中记载：南方还有三苗族，"昔三苗氏，左洞庭，右彭蠡"，他们以植物作图腾。

原始先民对于自然、动物、鬼神、先祖的种种信仰与崇拜，无非是因为在他们面对强大的外在力量时，无法改变现状，为了祈求平安，他们只能寄希望于未知的

黄帝陵前的鹅卵石

史前先民的信仰与宗教

蚩尤石像

神秘世界，这种与后来人们为了填充精神世界而信仰崇拜的儒释道文化是不同的。人们面对前者是被动的，而面对后者却是主动的。

二　儒家的信仰文化

曲阜孔府

（一）儒家信仰

中国是个多民族组成的国家，说到信仰，自然是多种多样的。主要分为宗教信仰和文化信仰，但信教人口只占很少的一部分，因为没有任何一种文化能取代儒家文化在中国人心中的地位，所以绝大多数中国人坚信儒家信仰而没有宗教信仰。可是，有时候人们会认为儒家信仰也是宗教信仰的一种，所以，有必要将二者进行区分。首先任何宗教信仰都是相信人生苦短，把人生的欢乐寄托于后世，在灵魂不死的情况下，不断做善事赎罪，最终达到进入天堂的最高境界。除此之外，宗教信仰需要有一整套体制来维系，包括专门的宗教组织，专门的经典（如：佛教的佛经，伊斯兰教的《古兰经》，基督教与天主教的《圣经》等）以及一些特殊的标识（如服饰、建筑、用具等），特定的宗教生活，特定的节日（佛的诞生日、基督的受难日）等等，让人一看就能区别开来。而儒家信仰却恰恰相反，正如史成志在《儒家信仰文化缺陷之我见》中讲到："儒家信仰是一种精神信仰，以追求一种精神不死为宗旨。儒家把生命不朽的根基建立在历史发展的不朽上，人生的价值融化在历史中，就能获得永生。儒家这种精神不朽的思

孔庙中的孔子像

儒家的信仰文化

想，造成大多数中国人有强烈的历史感，对历史特别重视，这代表了中国人的人生观、历史观、价值观。"从民间的事例中我们也可以更好地看出儒家信仰对于中国人民的影响，例如：中国人最畏惧两件事，一是挖祖坟，二是断子绝孙。祖坟代表着历史的不朽，而子孙则意味着历史的延续。祖坟被挖，则意味着历史的根脉被割断；子孙不继，则意味着找不到历史的未来。古人云："不孝有三，无后为大"，所以如果子孙绵延在自己手里中断，则是最忤逆、最不孝的事情。儒家信仰最终成为中国信仰史上没有特殊信仰生活，没有特殊信仰组织，较少神秘性、较有人情味的奇葩。

孔庙大成殿

（二）儒家文化

孔林一景

1. 儒家文化的定位及发展历程

　　虽然儒家文化不能涵盖全部的中国传统文化，但是，毋庸置疑的是儒家文化是我国传统文化的核心内容。关于什么是儒家文化，历来莫衷一是，当中不乏片面的思想，认为儒学即儒家文化，或者儒教即儒家文化。目前为止，学术界普遍认为王钧林先生的概括是最为全面、恰当的。他在《儒家文化：定位、定义与功用》一文中具体说明了儒家

泰山景区"孔子小天下处"

文化应包含的三方面内容："(1)儒家的思想学说深入人心，部分地转化成为一般社会成员的思想、意识和观念；(2)受儒家指导或影响的个人教养，包括内在的德性心灵和外在的行为规范；(3)带有浓厚儒家色彩的社会习俗和社会风气。这三方面的内容构成了儒家文化的基本内涵。"

作为中国传统文化的核心部分，儒家文化的发展历程并不是一帆风顺的，并不是总作为最主要的思想被推崇，众它所周知的玄学、佛教、道教思想也在不同时期发挥着举足轻重的作用。但实际上，就对封建社会的影响而言，没有哪一个思想流派能与儒家相提并论。儒家文化的礼义之学是封建专制主义的理论基础，三纲五常是君临天下的伦理规范，所以获得了官方的大力支持。郑传寅在《儒家文化的历史地位及其对古典戏曲的影响》一文中概述："汉以后，名、墨之学不传，宋元以降，张扬'道统'的理学成为'显学'，凡是与'道统'不合的学派，一律受到排斥，从元末——特别是明代中后期起，佛、道二教的影响力日渐缩小。"

2.儒家文化的主要代表人物

孔子

孔子（前551—前479年），名丘，

字仲尼。据《史记》记载，孔子约在三十
岁的时候，开始创办平民教育，在最早的
弟子中，比较有名的有曾点、子路及颜回

孔子石像

等。他终生奋斗不懈，他说："其为人也，学而不厌，诲人不倦，发愤忘食，乐以忘忧，不知老之将至云尔。"他开创的儒家文化是给人以智慧的学问，教给我们学习的方法，教导我们如何去识人、知人和用人，教给我们用"中庸"的方法来处理事情。虽然"中庸之道"是儒家的重要思想，但并不是孔子第一个提出的，它在我国古代就存在。孔子在继承了我国古代先哲们的中庸观点基础上发展和系统化。《白虎道义·五行》对"中庸"的解释是："中"指"中正"（箭靶的中心）、中和。皇侃对《论语》中的中庸疏曰："中，中和也。"

论语

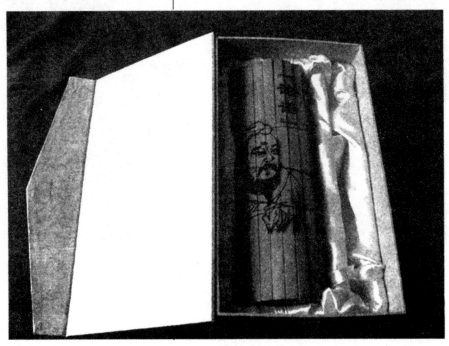

《说文》对"庸"的解释是："庸，用也。"
《尔雅·释话》："庸，常也。"也就是"用中为常道也"。北宋程颐对中庸的注释更加通俗易懂："不偏之谓中，不易之谓庸。中者，天下之正道，庸者，天下之定理。"《论语》中，只有一处谈到中庸，子曰："中庸之为德也，甚至矣乎！民鲜能久矣。"其意思是："中庸的道德标准该是最高的了，老百姓缺乏这种道德观念很久了。"可见，孔子把中庸所要求的道德提得很高。虽然"中庸"这两个字只出现了一次，但很多内容体现着"中庸"的道理。如"过犹不及"，在《论语》中记载，子贡问："师与商也熟贤？"子曰："师也过，商也不及。"曰："然则师愈与？"子曰："过犹不及"；"和而不同"。史伯则说："夫和实生物，同则不继。以他平他谓之和，故能未长而物归之，若以同稗同，尽乃弃矣！同则不能。"（《国语·郑语》）孔子认为："君子之中庸也，君子而时中。"《礼记·中庸》又说："可与共学，未可与适道；可与适道，未可与立；可与立，未可与权。"无论是"过犹不及""和而不同""时中与权"都明确地体现了"中庸"的思想。

在教育方面，孔子是我国历史上第一个伟大的教育家，他从爱人的宗旨出发，注重受教育者的德、智、体、美、劳等

孔子像

曲阜孔庙大成殿

全方面发展，并将德育放在首位，子曰："志于道，据于德，依于仁，游于艺。"在智育方面，孔子注重社会人伦关系、人际交往等知识内容，而忽视生产劳动和生活技能的训练。《论语·子路》：樊迟请学稼。子曰："吾不如老农。"请学为圃，曰："吾不如老圃。"樊迟出。子曰："小人哉，樊须也！上好礼，则民莫敢不敬；上好义，则民莫敢不服；上好信，则民莫敢不用情。夫如是，则四方之民，襁负其子而至矣；焉用稼！"这种偏向，既有其积极的一面，也有消极的一面。它的好处是，继承发展了我国古代自强不息，厚德载物的优良传统，在历代国家或社会危难之际，涌现出了无数热爱祖国和人民的仁人志士，使古老的文化之火，从未熄灭。在消极方面，使许多儒家知识分子成为"四体不勤，五谷不分"的精神贵族，随着时间的发展，这种观点渐渐又发展成为"劳心者治人，劳力者治十人"。使我国的自然科学和技术没有得到应有的发展。体育方面，春秋时期，没有体育这个名称，孔子所提倡的"礼、乐、射、御、书、数"六艺，其中"射"（射箭）、"御"（驾车）是属于体育的范畴。射属于礼仪范畴，是士大夫彼此交往时所行的各种礼节仪

孔子说教场面

式，御是当时交通往来必须掌握的套马赶车的本领。但孔子不是口头的重视而是身体力行，他身高 1.91 米，兴趣广泛，当时人们称他为长人。他精通射箭技术，并且有很高的驾驭马车本领。任有达在《中国传统文化的智慧》一文中，概括了孔子对美育的看法："他把美育和道德观念结合起来，美是孔子的一个德目，他的美育包括'文'和'质'两个方面，他把礼乐修养的外在美和内心的仁德结合起来。有点像我们现在所说的语言美、心灵美及环境美。"据说孔子到齐国，听到《韶》乐，赞不绝口，是尽美矣，又尽善也，使其三月不知肉味。他认为，

孟子故居

诗有助于振奋精神，礼有助于立身处世，乐有助于陶冶情操。在教育思想方面，他的"因材施教""有教无类""触类旁通""善于启发""学思结合""循循善诱"等教学方法对后世也有着很大的影响，在此就不赘述。

孟子

孟子（前372—前289年），名轲，大约生活于战国中期。孟子的核心思想是"仁政"，这是他毕生的追求，但是却没有实现，他的思想是在发展和继承孔子的"仁学"基础上提出来的，他在《离娄上》文中总结远古时期三代得失天下的经验教

孔庙

训时说：“桀纣之失天下也，失其民也。失其民者，失其心也。得天下有道：得其民，斯得天下矣。得其民有道：得其心，斯得民矣。得其心有道：所欲与之聚之，所恶勿施也。”其中的“所欲与之聚之，所恶勿施”，与孔子的“己欲立而立人，己欲达而达人”是一致的。意思是，人民所希望得到的，替他们聚集进来，人民所反对厌恶的，绝对不去做。孟子在《公孙丑上》一文中说：“人皆有不忍人之心。先王有不忍人之心，斯有不忍人之政矣。以不忍人之心，行不忍人之政，治天下可运之掌上。”关于仁政的内容，董洪利的《孟子研究》对孟子的仁政内容有比较全面的概

括，主要包括以下几个方面：民本思想——《尽心下》："民为贵，社稷次之，君为轻。是故得乎民而为天子；得乎天子为诸侯；得乎诸侯为大夫。诸侯危社稷，则变置。牺牲既成，粢盛既洁，祭祀以时；然而旱干水溢，则变置社稷。"耕者有其田——孟子在与梁惠王和齐宣王谈话时都说："五亩之宅，树之以桑，五十者可以衣帛矣。鸡豚狗彘之畜，无失其时，七十者可以食肉矣。百亩之田，勿夺其时，数口之家可以无饥矣。谨庠序之教，申之以孝悌之义，颁白者不负戴于道路矣。七十者，衣帛食肉，黎民不饥不寒，然而不王者，未之有也。"减轻赋税——战国时期赋税、徭役形式繁多，人民负担沉重不堪。孟子说："有布缕之征，粟米之征。君子用其一，缓征其二，用其二而民有殍，用其三而父子离。"重视商业生产——孟子在仁政中明确提出了"关市讥而不征"等政策，他认为只有减免了商业税，才能使"天下之商皆悦，而愿藏于其市矣！"普及学校教育——他认为好的政策不如好的教育。在《滕文公上》中孟子提出了学校教育的重要性："设为庠序学校以教之。庠者，养也；校者，教也；序者，射也。夏曰校，殷曰序，周曰庠；学则三代共之，皆所以明人伦。"反对兼并战争，主张仁义之

孔子像

荀子像

泰山孔子登临处

俯瞰曲阜孔庙

战——他认为像历史上"汤武革命"那样的战争是仁义的战争。但仁义的战争必须要建立在仁政的基础上,孟子在《公孙丑下》中说:"得道者多助,失道者寡助。寡助之至,亲戚畔之;多助之至,天下顺之。以天下之所顺,攻亲戚之所畔,故君子有不战,战必胜矣!"

荀子

荀子(前313—前238年),名况,战国时期的赵国人。他既是一位政治家、军事家、教育家,同时也是一位朴素唯物主义者,认为"天行常有",不以人的意

泰山岱庙正阳门

志为转移。他批判地继承了孔子的理论，建立了自己的一套思想体系，提出了很多创新的思想。例如：鉴于孟子言必称"三代"（夏、商、周）崇拜"先王"的历史观，他提出"法后王"的观点，即效法近代之王，因为"先王"的时期距离当今很远，有些内容是通过故事的形式流传下来的，缺乏确实的根据，不一定真实可信。而"后王"距离当今很近，有史料、典章、制度等可靠记载，可信度比较高。他在《不苟》中提到："以近知远"，"天地始者，今日是也；百王之道，后王是也，君子审后王之道，而论于百王之前"。较之孔子和孟子的过分崇拜先人的看法来讲，

儒家文化是泰山文化的主脉

泰山风光

荀子的观点多了很多理性和现实的分析，是一种先进的思想。他还从历史的实践中，发现人民的重大作用，引用古代的传说《芙制》说："君者，舟也；庶人者，水也。水则载舟，水则覆舟。"这就是说君和民的关系，好像船和水的关系一样。这也是荀子思想进步的一面。荀子认为帝王将相的子孙，若不能遵从礼义，就把他们归入平民，即使是平民的子孙，如果能通晓古文经典的知识，顺从礼义，就可以把他们归入卿相士大夫的行列。而对于那些散步谣言、逃串流亡，违背法度、不安分守己的人，强制教育他们，用奖赏激励，用刑罚惩处。从这些言论我们可以看出，荀子的"礼义"与孔子和孟子的"礼义"是有差别的，他说：

泰山玉皇顶

泰山石刻

"礼者，贵贱有等，长幼有差，贫富轻重，皆有称（恰当）者也。"这是不完全按照宗族血缘的世袭等级制度，他打破了奴隶社会贵族世袭的制度，为建立新的封建专制政权作了理论准备。关于荀子的教育思想，首先要说的是学习目的，荀子认为学习的目的是学会做人，他说：学习从哪里开始呢？到哪里终结呢？按其顺序来说是从诵《诗经》《尚书》开始，读到《礼记》结束；按其意义来说，是从一个读书人开始，到成为一个圣人终结。所以说学习的科目是有终结的，但是学习的意义是终生不能舍弃的。从学

泰山五大夫松

习的态度讲，荀子说："我整天在思考，可是不如片刻学习所得到的；我曾经踮起脚跟向远处望，可是不如登高所见到的开阔。登到高处而招手，手臂并没有加长，但是别人在很远的地方就能看见；顺着风来呼喊，声音并没有加大，但人们听得很清楚。凭借着车马出门的人，并不是脚走得快，但却能到达千里之外；

凭借着船和船桨出游的人，并不是会游泳，但却能横渡江河。"

　　这段话的核心思想就是，君子的先天条件和别人并没有什么不同，只是善于借助外物罢了。从学习方法上说，荀子很重视学习方法，他说："君子说，学习不是可以停顿不前的。靛青，是从蓼蓝中提取出来的，但它比蓼蓝更青；冰是水凝结而成的，但它比水更冷。木材笔直得符合木匠弹过的墨绳，但如果把它烘烤变弯而制成车轮，那么这种弯曲度就符合圆的标准，即使再把木材烘烤暴晒，它也不会再伸直了，这是由于烘烤弯曲使它变成这样的。"古人总是用很简单的例子说明很深刻的道

泰山玉皇顶

儒家的信仰文化

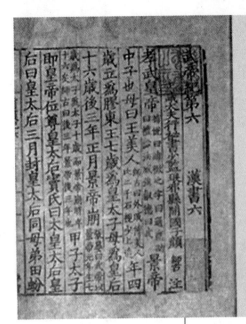

《汉书》

理。荀子认为，不仅自己要努力学习，还要善于向良师请教，他说："学习没有比接近良师更为便利的。"

董仲舒

董仲舒（前179—前104年），西汉时期重要的思想家和哲学家，他以儒家思想为主，并融入一些法家、道家、阴阳家的思想，形成了为统治阶级服务的"大一统"儒家思想。当时汉朝虽然在政治上形成统一的局势，但还没有统一的思想。当时的丞相卫管就曾上奏"所举贤良，或治申、商、韩非、苏秦、张仪之言，乱国政，请皆罢"。（《汉书·武帝记》）这就是后来被称为"罢黜百家"的建议。直到后来，董仲舒为了适应大一统的封建专制统治的要求，向汉武帝提出"罢黜百家，独尊儒术"，把孔子为代表的儒家思想定为封建社会的政治思想。但是董仲舒与先秦儒学的三位大师不同，孔子、孟子、荀子三位都是理想主义者，对于政治，他们都将希望寄托在贤良的君王身上，但是他们的愿望基本没有实现。但是董仲舒却通过提高孔子的地位，提出了"罢黜百家，独尊儒术"的建议，扭转了儒学脱离政治现实的情况，使儒家的思想与现实的制度有机结合起来。《中国思想史》从人性与教化、君臣关系、心性之别三个方面论述了他们之间的分歧。人性教化——孔子要求"学而时习之"。而董仲舒对于教化的理解与他们完全不同。他说："天生民性，有善质而未能善，于是为之立王以善之，此天意也。民受未能善之性天，而退受成性之教于王，王承天意，以成民之性为任者也。"（《春秋繁露·深察名号》）孔、孟、荀强调的自觉、自发、自信的教化精神，在董仲舒与现实专制的整合中，完全被扼杀了。君臣关系——孔子的君臣关系是按照"礼"互相对待的。孟子的时代，周天子的威风扫地，产生了民贵君轻的思想，甚至把弑君看成"诛一夫"的行为，荀子除了和孟子一样把弑君看成"诛一夫"的

董仲舒塑像

儒家文化对中国文化的各个方面影响深远

想法以外，在法家的挑战下，已有尊君的倾向，但他尊敬的君是崇尚礼义的君王。董仲舒则不然，他说："春秋》之法，以人随君，以君随天，故屈民而伸君，屈君而伸天,《春秋》之大义也。"心性之别——在儒家传统中,孟子是第一位把心、性关联起来讨论的哲学家。他认为心是实行道德的主宰,所以仁、义、礼、智皆根于心,亦由心而发。荀子主张性恶论,努力改恶从善,是从认知方面去把握,心仍然起主宰作用。董仲舒提出性善恶混合的说法,他说:"天有阴阳之施,身亦有贪仁之性。"又说"义以养亦心","义制我躬",董仲舒以天意的观点说性,由"天"或君王的意志行善。

朱熹像

朱熹

朱熹(1130—1200年),字元晦,别号晦翁,他所处的年代,无论是民族矛盾,还是阶级矛盾,都异常尖锐。他的著作有很多,主要的有《大学章句》《孟子集注》《论语集注》《中庸章句》《太极图解说》《通书解》《正常解》等。朱熹作为程朱理学的著名代表人物,他认为世界上的事物,其所以能存在,都有一个"理",而且"理"居于"物"中央,发挥着核心的作用。这里的"理"有很多层的含义,任传文先生在《中国传统文化的智慧》一书中做了很好的概括:"首先'理'的意义是事物的规律,事物的规律是一类事物所共同具有的,是一般的东西,是抽象的,而个别事

《朱子家训》

朱柏庐先生治家格言

黎明即起，洒扫庭除，要内外整洁，既昏便息……

……不易，半丝半缕，恒念物力维艰，宜未雨而……

……流留器具质而洁，瓦缶胜金玉，饮食约……

……实淫盗之媒，婢美妾娇，非闺房之福，童……

……不诚，子孙虽愚，经书不可不读，居身务……

……之酒，与肩挑贸易勿占便宜，见贫苦亲……

……消亡，兄弟叔侄须分多润寡，长幼内外……

……父母不成人子，嫁女择佳婿，勿索重聘……

……耻，遇贫穷而作骄态者贱莫甚，居家戒……

……而凌逼孤寡，勿贪口腹而恣杀生禽，乖……

……久必受其累，屈志老成，急则可相依，轻……

……为知非己之不足，须平心暗想，施惠无……

……喜庆不可生妒嫉心，人有祸患不可生……

物则是特殊的东西，是具体的，一般存在于特殊之中，但朱熹把一般和特殊割裂开来，认为'理'是可以离开具体事物而独立存在，并且是事物的根本，在事物之先；其次，每一事物从生成时便有一个'理'居于其中，这个理使事物得以生成，并构成事物的本性，即'理'不仅影响事物的生成，而且决定事物的本性。"朱熹认为"天下未有无理之气，

陆九渊像

亦未有无气之理"（《语类》卷一）。但他认为理气二者之中，理是第一性的，气是第二性的。他说："有理便是有气，但理是本。理是根本的，主要的。"从逻辑上讲，"理"在气先。朱熹把它叫做"天理"，即强调理是最高的、绝对的、永恒的和必然的。

陆九渊

陆九渊（1139—1192年），字子静，

王守仁像

号象山，江西金溪人。他与朱熹是同一时期的人，但他认为朱熹的学说过于复杂和烦琐，于是提出了一个简单扼要的办法。他说，理在心中，"心即礼"，因此不必向外多求，只要保圣心之良，就可以达到最高的道德境界。陆九渊说："人皆有是心，心皆具是理，心即理也。"（《与李审书》）他又把心和宇宙之理统一起来。他说："心，一心也；理，一理也。至当归一，精义无二，此心此理不容有二。"（《与曾宅之书》）他将"理"和"心"结合在一起，使"心"成为万物存在的根据。

王守仁

王守仁（1472—1529年），字伯安，学者称为阳明先生。浙江余姚人。他不仅是一位杰出的哲学家，还是一位有能力、有道德的政治家。据黄梨洲说："王守仁在三十七岁以前，曾经历三变：泛滥于词章；出入于佛、老；龙场悟良知；三十七岁以后，复往三变：以默坐澄心为学的；江右以后，当致良知；晚年多居，所操益熟，所得益化。"他继承并发挥了陆九渊"心即理也"的思想，既"心外无理"。他不但断言"心外无理"而且说"心外无物""心外无事"，否认客观世界的存在。他认为，离开人天赋的"良知"，就无所谓万物。他说："若草木瓦石无人的良知，不可以为草木瓦石矣。岂惟草木瓦石为然，天地无人的良知亦不可为天地矣。"（《传习录下》）同时他否认客观规律不是依人的意识转移的观点。他说："夫物理不外吾心，外吾心而求物理，无物理矣。遗物理而求吾心，吾心又何物耶？"（《答顾东桥书》）

3. 儒家文化对中国社会的影响

王钧林在《儒家文化：定位、定义与功用》中提到："两千多年的中国封建社会里，儒家文化一枝独秀，占据了正统地

曲阜孔庙

泰山迎客松

位，然而，它却不是孤立的、纯粹的存在，而是和其他文化与文化因素杂处在一起。这表现了社会文化现象的复杂性。"占据统治地位或主导地位的儒家文化很少遭遇挑战，因为有实力向其发起挑战的实在少见，屈指可数的只有道教文化和佛教文化。但是儒释道三教鼎立的状况，仅仅维持了几百年的时间，而且即使在那段时间，佛教文化和道教文化也没有动摇儒家文化的正统地位。只是出现了三教皆务于治、各有特长的情况，即"以佛治心，以道治身，以儒治世"。儒家文化兼济天下的情怀，培育、突出了关注国是民生的历史责任感。儒家入世的立场、忧患的紧张和"治平"的理想以及"舍我其谁"的胸怀所寄托的是社会的命运与国家的前途，于是有范仲淹的"先天下之忧而忧，后天下之乐而乐"，有了仁人志士的"为天地立心，为生民立命，为往世继绝学，为万世开太平"的远大抱负；并最终衍成了"国家兴亡，匹夫有责"的高度爱国情怀。胡发贵在《儒家文化与中国古代社会的认同与凝聚》一文说："儒家文化中这类一贯的主流见解经历代仁人志士的推行，遂强化、积淀为古代中国一种主导性的文化精神和文化氛围，这就是'兼济天下'的忧国忧民。在此精神的熏陶下，群体的安危、国家的兴亡化为普遍的义务和责任，而不再只是'肉食者谋之'，所谓'位卑未敢忘忧国'正谓此。"虽然中华民族族类众多，但对于儒家文化的崇信是不分语言、地域和民族的，经过漫长时间的洗礼，儒家文化成为人们的精神故乡，像一条无形的、但却坚不可摧的精神纽带，系扣着所有人的心灵。这种强大的向心力和凝聚力促成了英国历史学家汤恩比博士所说的："在近6000年的人类历史上，出现过26个文明形态，但是只有中华文明是延续至今从未中断过的文明。"

泰山瀑布

三　佛教的信仰文化

佛像

（一）佛教信仰

作为一种外传的宗教信仰——佛教，它产生于公元前6世纪的古代印度，当时的印度正在经历着急剧动荡的社会变迁，佛教的产生顺应了时代的要求，它的教义是佛教创始人在特定历史条件下精心构建的一套哲理化、规范化的信条体系。主要有"四圣谛""八正道""十二因缘""三法印"等。正如汪建武在《论佛教的信仰特征》中概述的："它的基本教义反映了不能掌握自己命运的人的自我感觉和自我意识，迎合了被压迫者心灵的叹息，表达了人们'理智迷误'的追求。"但是古代中国是宗法社会，特别强调养亲、事亲、尊亲、孝亲，重视孝道。然而，当印度佛教传入中国以后，佛教的出世主张使得人们厌烦尘世，不再顾及养亲、事亲、尊亲、孝亲，于是被视为违反自然人伦和政治伦理，辞亲割爱、子孙断绝、不拜祖宗、不事王侯等事情常常发生。在儒家重孝思想压力下，佛教不得不作出回应和妥协。正如崔峰在《北周民众佛教信仰研究》中阐述的："佛教用孝的观点阐释佛经，编造重孝的'伪经'，撰写论孝的文章，以及每年的7月15日举行盂兰盆供，超

神像装饰极尽华美

度祖先亡灵等等，竭力调和出家修行与孝亲间的矛盾。中国佛教伦理这种容受孝道、突出孝道，正好体现了中国世俗伦理的重心，具有不可动摇的维系家庭和社会的作用，符合中国社会的需要。"

（二）佛教文化

1. 佛教的引入及发展历程

关于佛教传入中国的时间，长期以来，莫衷一是，有的甚至添加了许多神话色彩。从古到今，人们谈论最多的就是汉明帝夜梦金人，遣使求法，引入佛教的故事。这一说法最早见于《四十二章经》《牟子理惑论》《老子化胡经》。故事的内容是：

大昭寺前的朝拜者

东汉年间（58—75年），汉明帝夜梦神人，身上放光，在殿前飞绕而行。次日会集群臣，问这是何神，有通人傅奕回答：听说西方有号称为"佛"的得道者，能飞行虚空，身有日光，帝所梦见的就是佛。于是汉明帝遣使西行，在大月氏抄回佛经四十二章，藏在兰台石室。这一传说故事中，虽有神话的成份，但基本情节尚属可信，但还不能作为佛教最初传人的记录。只能说明当时已有佛教在民间流传，只是未能传到宫廷而已。此外，在《后汉纪》《后汉书》等魏晋南北朝人士的著作中，我们也可见对此事的论述，可见当时这一故事在社会上已广为流传。

如果此时不是佛教的传入时期，那么佛教是何时传入的呢？有人根据《山海经·海内经》中有"天毒之国，偎人而爱人"之说，认为在上古三代时就有佛教。也有人以《列子》中"周穆王时西极有化人来"之说，主张周代已有佛教流传。另外，还有秦始皇时有外国僧人来华传教的种种说法，但还是缺乏史料依据。而在裴松之所注《三国志》中，引用了三国时魏国鱼豢所著《魏略·西戎传》，关于汉哀帝元寿元年（公元前2年）博士弟子景庐受大月氏王使臣伊存口授《浮屠经》的记录，并解释说"复立（豆）者，其人也。《浮屠》

广场上虔诚的佛教徒

虔诚的佛教徒

所载临蒲塞、桑门、伯闻、疏问、白疏问、比丘、晨门、皆弟子号"。大约公元1世纪时,大月氏成为中亚地区一个佛教中心。汉代许多从事经商的月氏人来到中原,同时也带来一些佛教经典,所以在汉哀帝时,由月氏王派人来汉地传播佛教,是完全可能的。综上所述,大约在两汉之际,印度佛教开始传到我国内地。

佛教在中国的发展大致可分为三个阶段:

首先是魏晋南北朝时期,北魏时,佛寺多达3万余所,出家僧尼达200余万人。南朝梁武帝是一位不做君主而愿做法王的皇帝。他笃信佛教,三度舍身入同泰寺,

西藏晒佛节

并在宫中建戒坛，仅建康一地，就有佛寺500余所，僧尼10万人。而且这些佛教寺院都拥有独立经济，占有大量的土地和劳动力，形成了特殊的僧侣地主阶层，并积极参政议政。

第二阶段是隋唐时期，据《历代三宝纪》卷十二中记载，隋文帝崇信佛教，发布诏令，百姓可以自由出家，并按人口比例出家和建造佛像。在最高统治者的提倡下，全国建立寺塔5000所，佛像数万尊，有专职僧尼50余万人，人间变成了佛国。隋文帝被称为"大行菩萨国王"。李唐时期，虽然李渊以道教教主为祖，但一代女皇武则天却信奉佛教，

手持转经筒的老人

嵩山少林寺佛像

曾于感业寺戴发修行的她在登基之后，大力提倡佛教，到处建造佛像、明堂、天枢，使得佛教势力膨胀。寺院可与宫室相媲美，极尽奢华。

最后一个阶段是五代以后的时期，自十三世纪初叶，元太祖成吉思汗就曾命其子孙，给各种宗教以平等待遇。据《新元史·释老传》中记载："元世祖忽必烈在即位前，即邀请西藏地区的名僧八思巴东来，即位后，奉为帝师，命掌理全国佛教，兼统领藏族地区的政教。八思巴圆寂后，他这一系的僧人继续为元帝师的有亦怜真、答儿麻八剌乞列、亦

杭州灵隐寺弥勒佛石雕

摄思连真、乞剌斯八斡节儿、辇真监藏、都家班、相儿家思、公哥罗古罗思监藏班藏卜、旺出儿监藏、公哥列思八冲纳思监藏班藏卜、亦辇真吃剌失思等喇嘛。"据宣政院至元二十八年（1291年）统计：元代全国寺院24318所，僧尼合计213148人，若将私度僧尼也算在内，恐怕还不止此数。明代的佛教，因太祖早年出身于僧侣，所以对于佛教着重发展。因此汉地传统的佛教各宗派如禅、净、律、天台、贤首诸宗得到很快的发展。在成化十七年（1481年）以前，京城内外的官立寺观，多至639所。后来继续增建，以致"西山等处，相望不绝。自古佛寺之多，未有过于此时者"。清代

杭州灵隐寺石窟造像

佛教是从清顺治至宣统年间的佛教。清朝对于佛教的政策几乎完全是继承明代的。在康熙《大清会典》（卷七十一）中详细记载着在管理方面仿照明代僧官制度，在京设立僧录司，所有僧官都经礼部考选，吏部委任。各州府县僧官，则由各省布政

佛像雕刻

司遴选，报送礼部受职。所有僧官的职别名称，都和明代无异。所以佛教在清代也得到了政策的支持，官方的拥戴。据康熙六年（1667 年）礼部统计：各省官建大寺60073 处，小寺 6409 处；私建大寺 8458处，小寺 586812 处。僧众 110292 人，

释迦牟尼像

尼众 8615 人。寺庙共 79622 处，僧尼合计 118907（《大清会典》卷十五、"礼部方伎"）。

2. 佛教文化的主要代表人物

佛祖释迦牟尼佛，本是古印度迦毗罗卫国（今尼泊尔境内）的太子，属刹帝利种姓。父为净饭王，母为摩耶夫人，佛为太子时名叫"乔达摩·悉达多"，意译为"一切义成"。太子天资聪颖，幼年就通达五明、四吠陀（古印度传统思想），并且相貌英伟，具足三十二相，八十种好，无人能及。在佛陀 19 岁时，由城之四门出游，有感于人世生、老、病、死等诸多苦恼，深感人生之苦痛与无常，从此萌生出家修道之志。35 岁在菩提树下悟道，遂开启佛教，弘法 49 年。年 80 岁左右在拘尸那迦城示现涅槃。据佛经记载，在 49 年的弘法生涯中，最初佛陀直畅本怀，宣演《华严经》二十一日，后观机逗教，又说《阿含经》十二年，《方等经》八年，《般若经》二十二年，《法华经》和《涅槃经》共八年，这是大会式的宣讲，而对于个人各别的教化，不知说过无量数次。佛陀因材施教，点化迷萌，感化无量数人求皈受戒，改恶修善，得大解脱，了悟无上菩提。其中有十个人特别出众，就是后人所说的十大弟子，他们皆具众德而各有专长，关于此十大弟子，《维摩经》卷上《弟子品》、灌顶经》卷八、《出三藏记集》卷十二均有记载。"头陀第一"——摩诃迦叶尊者，"持律第一"——优波离尊者，"密行第一"——罗侯罗尊者，"智慧第一"——舍利弗尊者，"解空第一"——须菩提尊者，"说法第一"——富楼那尊者，"天眼第一"——阿那律尊者，"神通第一"——摩诃目犍连尊者，"论义第一"——摩诃迦旃延尊者，"多闻第一"——阿难尊者。

华夏第一僧严佛调

严佛调，生卒年月不详，大约生活于2世纪，他不但是中国佛教史上最早出家的僧人，也是汉人中第一位佛教学者，从事佛典翻译和著述。关于他的情况，最早见于梁僧佑《出三藏记集》卷十三与慧皎《高僧传》卷一。唐智升经过考订，认为严佛调译经有五种。

般若学者支楼迦谶

支楼迦谶与严佛调大约处于一个世纪，简称支谶，他是中国佛教史上翻译大乘经典的第一人。据梁慧皎《高僧传》卷一《汉洛阳支楼迦谶传》记载：支谶"操行纯深，性度开敏，禀持法戒，以精勤著

杭州灵隐寺佛像

佛教的信仰文化

称"。由此可见支谶不仅是一位大乘经典的翻译家，而且是严持戒律的佛法修持者。

公元167年（汉恒帝末年），支谶来到中国洛阳，在光和、中平年间（178—189年），译出很多大乘经典，但都下落不明。但是根据梁《高僧传》卷一《汉洛阳支楼迦谶传》中的记载，我们可以知道关于支谶的译经：支谶"传译梵文，出《般若道行》、《般舟》、《首楞严》等三经，又有《阿阇世王》、《宝积》等十余部经，岁久无录。"但这只简单地提到支谶译经的概况，具体经名大多未列。

少林寺的创立者——跋陀

跋陀，又名佛陀，天竺（印度）人。

嵩山少林寺佛像前摆设

北魏孝文帝时来中国传播佛教。据说佛陀
住在康家所造的别院时，曾显示灵异。《续
高僧传》卷十六说，有一小儿从门缝窥视，
见室内熊熊火焰，惊告姓康的主人，待康
家的人都来观看时，并无火焰。因此就有
人说佛陀是得了道的人。如果这种奇特的
现象属实，或即佛家传说的"三昧火"。
北魏迁都洛阳，孝文帝在洛阳为他建造寺
院。这座寺院即现在的少林寺，跋陀是为
第一位住持。他在寺内翻经台翻译了《华
严》《涅槃》《维摩》《十地》等经，他
的徒众亦多，但能够称得上他的入室弟子
的，只有慧光和道房二人。慧光后来成为
《地论》师南道派的首领，而道房才是继

少林寺

达摩像

承他禅法的人。年老后，跋陀迁居少林寺外，直到圆寂。

禅宗初祖——达摩

达摩，天竺（印度）国香至王第三子，姓刹帝利，本名菩提多罗。梁大通元年（527年）从广州登陆，到中国传播佛教。达摩"一苇渡江"入北魏境，先游历了洛阳，后到少林寺，在五乳峰上一个石洞里面壁静修九年。他依据大乘派教义，融汇中国精神，开创了中国佛教禅宗，被尊为初祖，后将衣钵传给了慧可。东魏天平三年（536年）达摩圆寂，葬于熊耳山，立塔于定林寺。

禅宗二祖——慧可

慧可是洛阳人，俗姓颐。四十岁时拜达摩为师。为表求道决心，慧可竟用刀自断左臂，奉献达摩座前。感其赤诚，达摩授法器、赐法名，收他为传法弟子。慧可为禅宗二祖。他在少林寺西南山上养伤时的住所和石台，后成为二祖庵和养臂台，遗迹尚存。

"唐僧"——玄奘

玄奘（600—664年），中国佛教史上著名的翻译家。洛阳人，俗家姓陈，幼年时代，即随其兄住洛阳净土寺。《续高僧

传》卷四《玄奘传》说他"自尔卓然梗正，不偶朋流，口诵目缘，略无闲缺"。作为著名的佛教经典翻译家，玄奘精通汉梵语言，一生有大量的佛教经典译作流传后世。

净土宗初祖——释慧远

释慧远（334—416年），晋代著名高僧，被尊为净土宗初祖。他严持戒律，学识渊博，对佛教事业贡献巨大。他主持的庐山东林，成为当时南方佛教的中心。那

玄奘像

岩石上的巨大佛字

时流行于南方的佛经，很多都是不完备的、残缺的，所以慧远为了完备佛经，就命他的弟子法净、法领等人赴西域寻求圣典。他们渡流沙越雪岭，经过数载，均有所获，并从梵译汉，流传于江左。后有罽宾沙门僧伽提婆，因关中战乱，于晋太元十六年（391年）移锡江南，慧远得知，即迎往东林，请译《阿毗昙心论》及《三法度论》，慧远亲自为之作序，使其得以流传。

神异名僧——佛图澄

佛图澄（232—348年），以神异著名的西域僧人。据有关史书记载，他身长八尺，风姿娴雅，不仅妙解深经，而且傍通世典，"讲说之日，止标宗致，使始末文旨，

佛教绘画

昭然可了"。梁慧皎《高僧传》卷九说他
"清真务学,诵经百万言,善解文义"。
佛图澄尤重戒律,过午不食。对古传律典,
亦多所考订。入室弟子道安在《比丘大戒
序》中说:"我之诸师,始秦受戒,又之
译人考校者尠,先人所传相承谓是,至澄
和上,多所正焉。"他于晋怀帝永嘉四年
(310年)来到洛阳,受到石勒的热情招待。
不仅石勒,石虎也非常推崇佛图澄。他曾
下诏曰:"和上(按指佛图澄),国之大宝,
荣爵不加,高禄不受。荣禄匪及,何以旌
德?从此以往,宜衣以绫锦,乘以雕辇。
朝会之日,和上升殿,常侍以下,悉助举
舆;太子诸公,扶梁而上;主者唱大和上

佛像

至，众坐皆起，以彰其尊。"又敕"司空李农旦夕亲问，太子诸公五日一朝，表肤敬意"。后赵建武十四年（348年）圆寂，高龄117岁。

"刻经僧"——释妙空

释妙空（1826—1880年），自号"刻经僧"，晚清时，曾为刻经事业作出突出贡献。江苏扬州人。同治五年（1866年）

拉卜楞寺广场

出家，法名妙空。与浙江杭州许云虚、安徽石埭杨文会、扬州藏经院贯如一起，同时发心刻印佛经。先后十五年，他创办苏州、常熟、浙江、如皋与扬州等地刻经处五所，但以扬州统摄其事，成为一刻经系统。他一生除从事著述外，就是刻经。据有关资料记载，妙空刻经近三千卷。汇刻成为《楼阁丛书》，其书目如下：《求生捷经》《普救神针》《百年两事》《身心性命》《泗水真传》《西方清净音》《莲邦消息》《礼斗圆音》《地藏空忏》《施食合璧》《四十八镜》《空色灯云》《弥陀经论》《华严小忏》《华严大忏》《华严念佛图》《五教说》《婆罗门书》《镜影钟声》《虚空楼阁》《楼阁忏》《楼阁真因》《楼阁问答》《楼阁音声》《地藏经论》。此外，尚有《如影观》《如影论》二书，系其友人所作；《水陆通论》一书，系其父咫观所作。三书皆收入《楼阁丛书》。

3. 佛教文化对社会的影响

大约公元 1 世纪时，大月氏成为中亚地区一个佛教中心。汉代许多从事经商的月氏人来华，同时也带来一些佛教经典。汉哀帝时，由月氏王派人来汉地传播佛教，大约在两汉之际，印度佛教开始传到我国内地，但它作为一种主要的力量对中国文化产生显著影响是在魏晋南北朝时期。此

晒佛节

佛教的信仰文化

南海观世音菩萨像

时期是中国佛教发展的最初阶段，但是由于上层社会的推崇和皈依，使得全社会掀起崇佛热潮，诸多的佛教经典被翻译为汉语。渐渐地佛教融入人民的生活，开始成为"中国化"的佛教。对后代的社会文化、文学艺术都产生了深刻的影响。

因为佛教主旨是发扬佛的慈悲心，救济世人，造福百姓。基于此，佛教徒热衷于社会救济事业，服务大众，以求功德圆满。据徐松《宋会要辑稿》中记载：孝宗乾道八年（1172年）五月二十八日，饶州知州王柜言奉诏赈济饥民，下令"僧绍禧、行者智修煮粥，供赡51365人。僧法传、行者法聚主粥，供赡38516人。诏僧绍禧、法传各赐紫衣，行者智修、法聚各赐度碟披剃"；同治（《九江府志》卷四十一《方技》中记载：沙门洪蕴亦以善医工诊切，"每先岁时言人生死多中，赐紫方袍，号广利大师，一时称药王再现"；《雍正《饶州府志》卷三十一《仙释》中记载：饶州永宁寺用言和尚，制成一药方名为"脾积丸"，"授寺僧嘱曰其药甚效，留此为塔中灯油费耳"。除了治病救人，帮助劳苦大众以外，"安设桥梁"也是佛教福田思想之一。因僧人具有极高的威望，易于从官吏与民众那里募得钱财与人力的资助。据著名宗教家方豪统计，在《古今图书集

隆重的晒佛节

手拿经筒的藏族老人

成》及各方志所记载的各类桥梁中，其中由寺院募建者，在浙江、广东占15%，在江西、江苏均占27%，而在福建居然占到桥梁总数的54%。

佛教认为：主体与客体、人与自然、物质与精神是不可分割的统一体。生和死是一体，出生是这一世的开始，死亡是来世的开始，就这样一直循环，前世、今世、来世至无数世像一个圆环一样不停地运转。赵劲在《佛教与艺术审美》中讲到："人的物质（现实）存在仅是一瞬间的，是不稳定的、捉摸不到的和不可解释的存在，是意识和心理过程的相关物，即所有因素合起来而形成意识流、连续流或一种活的

西藏哲蚌寺

东西，不可能被认识和解释，它只能被感受到。因此真正的佛教徒应当努力摆脱这些不稳定的状态和这种相对的存在，去获得稳定的和永恒的精神存在即佛教境界。"这种意识性的、不稳定的状态与艺术追求的过程十分接近。于是，佛教徒便借助艺术想象来达到这种状态。期望在艺术里创造出生命闪光的独特氛围，以敦煌壁画为例，针对人必须面对的诸多困惑，如：不可避免的死亡、现实中的烦恼、饥饿、病痛、贫穷、战乱等等，它给人们的绝望多于希望。而与现实相对应的"西方净土"却是另一番景象，在那里没有贫穷与饥饿，没有痛苦，没有争执，所有"人"都其乐

教徒从四方汇聚而来参加晒佛节

融融。敦煌壁画中美好的世界，对人类来说是不可能和无法达到的。然而，这作为无法完成的追求，可以通过精神的憧憬而获得实现。

综上所述，我们可以看到，佛教对中国文化的影响是很深刻的。这里只谈到了两个方面，至于佛教的制度、仪式和佛事等活动，对于文化的影响也是巨大的。这主要是佛教文化与中国传统文化有些内容本质是相同的，比如"孝道""慈悲""谦让"等等，因而两者可以融汇贯通。

四　道教的信仰文化

武当山上的香炉

（一）道教信仰

作为中国土生土长的宗教信仰，道教是以"道"为最高信仰的中国传统宗教。正如刘守华在《道教与中国民间文学》中讲述的："在道教信仰中，'道'是统摄宇宙万物运动变化的虚无玄妙之物。修炼得道即可长生不死；飞升成仙，并能通达宇宙奥秘，成为无所不能的强者。神仙就是得道者。先天神圣为道之化身。凡夫俗子在明师导引下通过勤苦修炼即可成仙。甚至自然界鸟兽花木之精灵，也可以加入修道者的行列而攀登仙界。道教设置了一个以仙道为中心，上至玉皇大帝，下至土地、灶神，和人间社会相对应的完整的神鬼系统，又构想出了变化飞升，炼丹行气，符箓禁咒等一系列神秘道术。"在道教神秘幻想中，时时贯穿着珍爱生命和珍惜现世生活以及渴望发挥人的潜能创造奇迹的思想。从流传至今的民间故事中我们可以清晰地看到这一思想：

第一，水鬼与渔夫型：水鬼与渔夫交友，渔夫一再破坏水鬼"找替身"的计划，最后水鬼因积德行善而受玉帝褒奖，迁升为城隍或土地。

第二，彭祖型：彭祖有道长生不死，

华严宝塔

阎王令小鬼前往拘拿，每次均受彭祖捉弄，狼狈而归。也有讲彭祖因受妻子之累而被捉走的。

第三，卖鱼人遇仙型：卖鱼人偶遇仙人，仙人赠宝珠（仙丹）一颗，可使腐烂之鱼变得鲜活，他从此发家致富，或弃家学道。恶人夺珠受惩罚。

第四，三句好话型：勤劳善良的主人公偶遇仙人，仙人送给他三句应急话语，他一一照办，全部应验，每次均逢凶化吉。以上四个故事引自钟敬文先生1932年发表的《中国民间故事型式》。

这些例子并非纯粹的宗教故事，而是融宗教性、世俗性于一体的地道的中国民间故事。它所包含的内容及其象征意义都深深扎根于本民族的文化背景之上，世世代代地影响着中国人民。

（二）道家文化

1. 道教的形成及发展历程

"道教"这一称呼最初不是专指道教

道教发源于中国古代的传统宗教

的，反而诸子百家中许多人都曾经以"道"来称呼自己的理论和方法。例如：儒家、墨家、道家、阴阳家甚至佛教都曾经由于各种原因自称或被认为是"道教"。儒家最早使用"道教"一词，将先王之道和孔子的理论称为"道教"。佛教刚刚传入中国时，把"菩提"翻译成"道"，因此也被称为"道教"。直到东汉顺帝年间，张陵学道于蜀郡，招徒传教，信道者出米五斗，故称"五斗米道"。其孙张鲁保据汉中多年，后又与最高统治当局合作，使得"五斗米道"的影响从西南一隅扩散到海内，遂为道教正宗。自称为"道教"，自此，其他各家为了以示区别，也就不再以"道教"自称。

道教距今已有 1800 多年的历史

道教的形成，与当时社会上流行的黄老之学、鬼神迷信是分不开的。它的形成有两个标志性的事件，一个是东汉顺帝时（126—144年），于吉、宫崇所撰的《太平清领书》出世，得到广泛传播。另一个是在东汉灵帝时，张角奉《太平清领书》传教，号为太平道。张角的信徒遍布天下九州，颇具影响力。

　　道教的发展一般分为四个时期，汉魏两晋的起源时期、唐宋的兴盛、元明期间全真教的出现和清以后衰落。魏晋南北朝时期，随着炼丹术的盛行和相关理论的深化，道教获得了很大发展。东晋建武元年，葛洪对战国以来的神仙家理论进行了系统的论述，著成《抱朴子》，是道教理论的第一次系统化，丰富了道教的思想内容。南北朝时，寇谦之在北魏太武帝支持下建立了"北天师道"，陆修静建立了"南天师道"。唐宋时期，唐高祖李渊尊老子李耳为祖先，道教地位迅速提高，被列为三教之首。唐太宗执政后，在茅山为王远知建一所太平观，以示崇敬。他的儿子唐高宗下诏追封老君为"太上玄元皇帝"尊号，令天下各州皆置道观一所。唐明皇更是一位狂热迷信神仙道教的帝王。他不仅尊崇太上老君，而且对其他道教祖师真人也给予一定荣誉地位。

崂山太清宫的道教香炉

在中国，道教的影响仅次于佛教

公元748年，玄宗亲自于大同殿接受上清派经书符箓，在著名道士张果被召入宫后，他还想把公主嫁给张果。到了宋朝，宋真宗、宋徽宗也极其崇信道教，道教因而备受尊崇，成为国教。此时出现了茅山、阁皂等派别，天师道也重新兴起。元朝时，在北方出现了王重阳创办的全真道。后来，王重阳的弟子丘处机将全真教发扬光大。他曾为蒙古成吉思汗讲道，颇受信赖，并被元朝统治者授予主管天下道教的权力。而同时，为应对全真道的迅速崛起，原龙虎山天师道、茅山上清派、阁皂山灵宝派合并为正一道，尊张天师为正一教主，从而正式形成了道教北有全真、南有正一两大

派别的格局。明清时代，由于统治者信
奉藏传佛教，并压制主要为汉族人信仰
的道教。道教从此走向了衰落。道教重
生恶死，追求长生不老，认为人只要善
于修道养生，就可以长生不老，得道成仙。

2.道教的主要代表人物

道教以太上老君（即道德天尊）为教
主，其实就是老子。此外道教的至尊天神
在道经中还有其他说法，一是以玉清元始
天尊为最高天神，二是以上清灵宝天尊为
最高天神，三是以太清道德天尊为最高天
神。后来又演变成三位一体的"老子一气
化三清"。

老子像

道教的信仰文化

老子从传说中一个凡人，被奉为脱离尘世的神仙教祖——"太上老君"，经历了道教发展史上一个漫长的造神过程。老子是第一位站在中国哲学史起点上的哲学家，是第一位从宇宙观的高度考察自然、社会和人生问题的中国思想家，自然而然成为中国第一位用新的宇宙观来代替上帝神学统治的人。在这一新的宇宙起源学说的基础上，老子提出了两个重要的思想，即："天下万物生于有，有生于无。""道生一，一生二，二生三，三生万物。万物负阴而拒阳，冲气以为和。"在老子看来，万物各有不同，极其复杂，但都是从简单的事物发展而

武当山道观

来的，于是老子认定万物必定是从某一
最简单的事物中产生的。而这个开端、
起源绝不能是有形有相的具体存在物的
"有"，只能是"有"的对立面无形无
象的"无"，这就是老子思维的终极点。
正如赵保佑在《姥子、道教、道教文化》
一文中概述的一样：宇宙的最初起源是
"无"，它本没有名字，可以称它为"道"，
"无"生"有"的演进过程是"道（即无）
生一，一生二，二生三，三生万物"。
这与古印度释迦牟尼一开始就是宗教家
并创立佛教的性质完全不同，老子的著
作《老子》，虽然只有五千言，但言简
意赅，内涵丰富，是从学术性角度出发，

道观中的香炉

道教的信仰文化

并非宗教性的，与佛教经典也完全不同。

最早传说老子其人的是汉代大史学家司马迁。在他著名的《史记·老子韩非列传》中是这样记述老子的："老子者，楚苦县厉乡曲仁里人也，姓李氏，名耳，字聃，周守藏室之吏也。……老子修道德，其学以自隐无名为务。居周久之，见周之衰，乃遂去。至关，关令尹喜曰：'子将隐矣，强为我著书。'于是老子乃著书上下篇，言道德之意五千余言而去，莫知其所终。"他在《史记·老子韩非列传》还把老子的世系写得清清楚楚："老子之子名宗，宗为魏将，封于段干。宗子注，注子宫，宫玄孙假，假仕于汉

鼎盛的香火

孝文帝。而假之子解，为胶西王邛太傅，因家于齐焉。"可见老子是有名有姓，有国有县，有乡有里，有子有孙的一般人，而非神仙。由于老子地位的日益显荣，所以关于老聃其人也有了种种传说。但司马迁在本着"择其言优雅者"。如在《史记·老子韩非列传》记述了孔丘适周问礼于老聃后，孔丘对老聃的一番赞叹："（孔子）谓弟子曰：'鸟，吾知其能飞；鱼，吾知其能游；兽，吾知其能走。走者可以为罔，游者可以为纶，飞者可以为缴；至于龙，吾不知其乘风云而上天。吾今日见老子，其犹龙邪？'"又云："盖老子年百六十余岁，或言二百余岁，以其修道而养寿也。"这些赞语，据有人考证，认为源出《庄子·天运篇》："孔丘见老聃归，孔丘曰：吾乃今于是乎见龙。"正是这些取材于道家传说的孔子问礼于老子的故事，以及老子修道养寿，活到一百六十岁或二百余岁的传说，为老子增添了浓厚的神秘感。

造型华丽庄重的道教香炉

晋代葛洪在《抱朴子内篇卷十五·杂应》中进而编造了老子的神像真形："老君真形者，思之，姓李，名聃，字伯阳，身长九尺，黄色，鸟喙，隆鼻，秀眉长五寸，耳长七寸，额有三理上下辙，足有八卦，以神龟为床，金楼玉堂，白银为阶，五

道教的信仰文化

色云为衣，重叠之冠，锋之剑，从黄童百二十人，左有十二青龙，右有二十六白虎，前有二十四朱雀，后有七十二玄武，前道十二穷奇，后从三十六辟邪，雷电在上，晃晃昱昱，此事出于仙经中也，见老君则年命延长，心如日月，无事不知也。"经葛洪绘声绘色的描述，一个超凡脱俗的神仙老子形象，赫然屹立在人前。使得后来道士们为扩大道教的影响，提高自己的地位，常假托"太上老君"之名，编织扑朔迷离的神仙故事，以获取人们的尊崇。

庄子祠

　　庄子（约前369—前286年），名周，字子休，后人称之为"南华真人"，战国时期宋国蒙人。著名的思想家、哲学家、文学家，老子哲学思想的继承者和发展者，先秦庄子学派的创始人。后世将他与老子并称为"老庄"，他们的哲学为"老庄哲学"。他的哲学思想主要是接受并发展了老子的思想。他认为"道"是超越时空的无限本体，它生于天地万物之中，而又无所不包，无所不在，表现在一切事物之中。然而它又是自然无为的，在本质上是虚无的。"天"是与"人"相对立的两个概念，"天"代表着自然，而"人"指的就是"人为"的一切，与自然相背离的一切。"人为"两字合起来，就是一个"伪"字。他认为真正的生活是自然而然的，不需要去教导什么，规定什么，而是要去掉什么，忘掉什么。而那些政治宣传、礼乐教化、仁义劝导无外乎都是人性中的"伪"，所以要摒弃它。如果人们不能舍弃这些东西，那他活在世上，犹如"游于羿之彀中"充满危险。羿指君主，彀指君主的刑罚和统治手段。对于君主的残暴，庄子是一再强调的："周闻卫君，其年壮，其行独；轻用其国，而不见其过；轻用民死，死者以国量乎泽若蕉，民其无如矣。"所以庄子不愿去做官，因为他认为伴君如伴虎，只能"顺"。"汝不知夫养虎者乎！不敢以生物与之，为其杀之之怒也；不敢以全物与之，为其决之之怒；时其饥饱，达其怒心。虎之与人异类而媚养己者，顺也；故其杀者，逆也。"还要防止马屁拍到马脚上："夫爱马者，以筐盛矢，以蜃盛溺。适有蚊虻仆缘，而拊之不时，则缺衔毁首碎胸。"庄子认为人生应是追求自由。

庄周和他的门人以及后学者著有《庄子》（被道教奉为《南华经》），道家经典之一。《汉书.艺文志》著录《庄子》五十二篇，但留下来的只有三十三篇。其中内篇七篇，一般定为庄子著；外篇杂篇可能掺杂有他的门人和后来道家的作品。他的文章具有浓厚的浪漫主义色彩，想象

太极八卦图

普陀山南海神庙

力很强，并采用寓言故事形式，富有幽默讽刺的意味，对后世文学语言有很大影响。还有一些庄子的典故和寓言对后世也有很大影响。

如《庄子·秋水》载：惠施在梁国作了宰相，庄子想去见见这位好朋友。有人急忙报告惠子，道："庄子来，是想取代您的相位哩。"惠子很恐慌，想阻止庄子，派人在国都中搜了三日三夜。哪料庄子从容而来拜见他道："南方有只鸟，其名为鹓雏，您可听说过？这鹓雏展翅而起。从南海飞向北海，非梧桐不栖，非练实不食；非醴泉不饮。这时，有只猫头鹰正津津有味地吃着一只腐烂的老鼠，恰好鹓雏从头

"道"被认为是化生宇宙万物的本原

顶飞过。猫头鹰急忙护住腐鼠，仰头视之道：'吓！'现在您也想用您的梁国来吓我吗？"

一天，庄子正在涡水垂钓。楚王委派的两位大夫前来聘请他道："吾王久闻先生贤名，欲以国事相累。深望先生欣然出山，上以为君王分忧，下以为黎民谋福。"庄子持竿不顾，淡然说道："我听说楚国有只神龟，被杀死时已三千岁了。楚王珍藏之以竹箱，覆之以锦缎，供奉在庙堂之上。请问二大夫，此龟是宁愿死后留骨而贵，还是宁愿生时在泥水中潜行曳尾呢？"二大夫道："自然是愿活着在泥水中摇尾而行啦。"庄子说："二位大夫请回去吧！

我也愿在泥水中曳尾而行哩。"

庄子与惠子游于濠梁之上。庄子曰："鯈鱼出游从容，是鱼之乐也。"惠子曰："子非鱼，安知鱼之乐？"庄子曰："子非我，安知我不知鱼之乐？"惠子曰："我非子，固不知子矣；子固非鱼也，子知不知鱼之乐全矣。"庄子曰："请循其本。子曰'汝安知鱼乐'云者，既已知吾知之而问我，我知之濠上也。"

《庄子·山木》载：一次，庄子身穿粗布补丁衣服，脚着草绳系住的破鞋，去拜访魏王。魏王见了他，说："先生怎如此潦倒啊？"庄子纠正道："是贫穷，不是潦倒。士有道德而不能体现，才是潦倒；衣破鞋烂，是贫穷，不是潦倒，此所谓生不逢时也！大王您难道没见过那腾跃的猿猴吗？如在高大的楠木、樟树上，它们则攀缘其枝而往来其上，逍遥自在，即使善射的后羿、蓬蒙再世，也无可奈何。可要是在荆棘丛中，它们则只能危行侧视，怵惧而过了，这并非其筋骨变得僵硬不柔灵了，乃是处势不便，未足以逞其能也。现在我处在昏君乱相之间而欲不潦倒，怎么可能呢？"

王重阳（1112—1170年），全真道创始人。原名中字，字允卿。入道后，改名王嚞，字知明，号重阳子。金大定元年（1161年），在南时村挖穴墓，取名"活死人墓"，自居其中，潜心修持二年。三年，

道观

功成丹圆，迁居刘蒋村。七年，前往山
东布教，建立全真道。其善于随机施教，
尤长于以诗词歌曲劝诱士人，以神奇诡
异惊世骇俗。在山东宁海等地宣讲教法
时，先后收马钰、孙不二、谭处端、刘
处玄、丘处机、郝大通、王处一为弟子，
后来建立全真教团。收弟子七人，后世
称全真教七真人。王重阳主张融和道、佛、
儒思想于一炉，声称"儒门释户道相通，
三教从来一祖风"，并以《道德经》《般
若心经》《孝经》为全真道徒必修经典。
王重阳不尚符箓，不事黄白，不信白日
飞升，以及修炼内丹为成仙证道的手段。
他的修炼法用"清静"　二字即可概括，

重阳宫

活死人墓

道教的信仰文化

为此规定修道者必须出家，除了要除去七情六欲，还要忍耻含垢，苦行苦修。其传世著作有《重阳全真集》，内收传道诗词约千余首，另有《重阳立教十五论》《重阳教化集》《分梨十化集》等，均收入征统道渤。

3. 道教对中国社会的影响

道教对中国古代的政治、经济、哲学、文学、艺术、音乐、绘画、建筑、医学、药物学、养生学、气功、化学、武术、天文学、地理都产生了不同程度的影响。此外，它对于中华民族的思维方式、伦理、道德、民俗、民族关系、民族心理、民族性格等各方面也有很深的影响。

《道德经》

在武术方面，据说就是武当山上有许多道士传承的武术。道教的武术也和许多武术不同，讲究圆柔、后发制人，充分体现了道教的教理。其中像太极拳这样的简单武术套路，已经逐渐成为人们的日常健身活动。道教气功也是中国气功中的一大流派，全真道的修炼方法基本上就是气功，对气功的探索和发展，其贡献很大。养生方面，道教的养生术还继承和发展了中国传统医学《黄帝内经》中经络学等方面内容。此外，许多道教徒研习医术，对于中医学发展颇有贡献，如葛洪、陶弘景等人，于中医药皆有所建树。还有道教的炼丹术，对火药的发明有着重要的意义。还有众所周知唐代的大诗人李白，他受道教影响也很深，他曾经游历各地，求仙访道，甚至炼过丹、受过道箓，可以说是位虔诚的道教徒。这段经历对他的个性、诗歌创作乃至一生的际遇都产生了很重要的影响。李白受召入长安，受到许多道士和信仰道教朋友的推荐。寻仙过程中，他游遍五岳，给他带来大量的素材。他的诗歌中也常常出现"仙人""羽化"等意念。至于文学方面，人们熟知的中国四大古典文学名著之一的《西游记》，故事虽然讲述的是佛教徒唐僧等四人去

《黄帝内经》

《封神演义》

西天取经，但全书中使用了大量道教专有的概念如心猿、意马、姹女、元神等，还构筑了一个以玉皇大帝为核心的道教神祇、神官系统。书中也出现了很多道教人物和魔怪，不过多为反面角色。而完全以道教为核心的最著名小说则要数《封神演义》了。书中讲述的商周战争，其实质就是道教的两个派别阐教和截教的斗争。书中出现的各色仙神和宝物等，也全属于道教系统。

道教可分为民间道教和官方道教。所以，道教对中国民族心理的影响，可谓上至帝王将相，中至文人士大夫，下至庶民百姓。其影响力大致可分为以下三个方面：

第一，从统治阶级的角度讲，它为统治阶级提供精神支柱。统治者在取得统治地位之后，总想巩固自己的统治，办法之一就是神化自己的统治，使人们觉得皇权天授，不容置疑；另一方面，统治者总想安享荣华富贵，但生命短暂，转瞬即逝，于是他们就想方设法使生命得以延长，甚至长生不死。这两种思想取向，在道教中都可以得到满足。于是，道教成了上层统治集团的精神支柱。唐代，唐高宗追封老子（李耳）为太上玄元皇帝；唐玄宗于各地建玄元皇帝庙，以先祖陪祀；妃嫔公主多信道教，受金仙玉真等封号（如玉真公主、杨玉环等）。

炼丹炉

这些举措，一方面是借道教神威巩固皇权，另一方面是借以满足个人的精神追求。唐宪宗、唐穆宗、唐敬宗、唐武宗以及一大批重臣名士，都是因为想长生不死，误吃道士丹药中毒而早亡的。牟钟鉴在《道教与中国传统文化》一书中提到："明代诸帝以嘉靖佞道最甚。他长年潜居深宫，日事斋醮、炼丹和服食，得宠大臣须能写青词（祷告表文）。道教成了嘉靖皇帝的主要精神慰藉。"

第二，从文人士大夫角度讲，它是文

道教的信仰文化

李白也曾深受道教影响

人士大夫的精神归属地。道教与一般的宗教不同，其宗旨是追求长生不老，得道不死；使人相信经过一定的修炼，凡人可以脱胎换骨，直接成仙，它主张人要活得适意、洒脱，超尘脱俗，高雅飘逸。这种思想很迎合文人士大夫的精神需求，特别是当他们在现实生活中受到压抑，失意的时候，他们的灵魂便极其需要一个道教这样的栖息地。如王勃便"常学仙经，博涉道记"（《游山庙序》），常常叹息"流俗非我乡，何当释尘味"，梦见自己成了仙人（《忽梦游仙》）；卢照邻则"学道于东门山精舍"，还到处乞讨银两和药石来炼丹（《与洛阳名流朝士乞药值书》）；李白更是"清斋三千日，裂帛写道经"（《游泰山》六首），连做梦都想着羽化飞升，"余尝学道穷冥筌，梦中往往游仙山"（《下途归石门旧居》）；就连白居易，也曾炼铅烧汞，学制金丹。

第三，从百姓信仰的角度讲，它对于民间信仰的影响是最为直接而深广的。一方面，民间道教往往成为社会下层民众反抗朝廷压迫的组织形式。如东汉末张角曾利用传布太平道，进行起义的宣传和组织工作，"十余年间，众徒数十万"，为起义作好了充分准备；北宋的方腊起义，也利用"吃菜事魔"教进行了宣传组织活动；还有魏晋南北朝的孙恩、卢循的长生党，以"李弘"为名义领袖的多次农民起义，都是在道教的精神感召下发动的。民间道教成了下层民众革命思潮的旗帜。由此可见道教之深入人心。另一方面，明清最盛的民间宗教大量从道教中吸收营养。如白莲教及其众多支派，皆敬奉无生老母，"圣母降身，刀枪不入"，这无生老母就具有道教尊神的威力；又如罗教的"真空家乡无生父母"八字真诀，是发挥佛教性空说、净土说和道教的无为清静说而成的；弘阳教信奉混元老祖，其实就是道教的太上老君。李养正《谈谈道教的

道教崇拜的神灵成千上万

道教的信仰文化
119

在远古时代，已有人开始学仙

几点特征》指出，"正因为道教的理想是要实现一个公平、和平的境地，所以在一定程度上也主张向邪魔妖鬼等恶势力作斗争；正因为道教幻想形体长生不死而成仙，所以在一定程度上鼓励人们与自然作斗争，争取延年益寿，甚至长生不死"。正因为道教有了这些思想指向，才会如此深获众心、深入民心，渗透入中国人思想的每一个角落，渗透入中国民族心理的岩层，成为中国民族心理的一种特质。

其实儒释道三家在长期的交往与冲突中，早已是你中有我，我中有你。但三家并未合并成一家，自始至终保持着各自的特征。徐建勇在《关于儒释道三教融合之管见》中很好地概括了这种状态："多元一体，和而不同——这正是光辉灿烂的中华文化所具备的内在特质与伟大精神，这个文化把儒家的伦常、道家的超脱与佛教的超越有机地结合在一起，建立起一个立足于现实生活，立足于人的现实完善和内在超越的、结构严谨的价值体系。"林语堂认为中国古代这种以儒家的世俗、功利思想为主体，以道家的遁世与佛教的神学理论为补充的思想结构，适应了中国传统社会各种群体的需要。